BEI GRIN MACHT SICH IHR WISSEN BEZAHLT

- Wir veröffentlichen Ihre Hausarbeit,
  Bachelor- und Masterarbeit

- Ihr eigenes eBook und Buch -
  weltweit in allen wichtigen Shops

- Verdienen Sie an jedem Verkauf

Jetzt bei www.GRIN.com hochladen und kostenlos publizieren

Bibliografische Information der Deutschen Nationalbibliothek:

Die Deutsche Bibliothek verzeichnet diese Publikation in der Deutschen National-
bibliografie; detaillierte bibliografische Daten sind im Internet über http://dnb.d-
nb.de/ abrufbar.

Impressum:

Copyright © 2016 GRIN Verlag, Open Publishing GmbH
Druck und Bindung: Books on Demand GmbH, Norderstedt Germany
ISBN: 9783668312494

Dieses Buch bei GRIN:

http://www.grin.com/de/e-book/341500/methoden-im-ziel-und-zeitmanagement

Anonym

Methoden im Ziel- und Zeitmanagement

Pareto-Prinzip, ABC-Analyse (Eisenhower) und die ALPEN-Methode

GRIN Verlag

GRIN - Your knowledge has value

Der GRIN Verlag publiziert seit 1998 wissenschaftliche Arbeiten von Studenten, Hochschullehrern und anderen Akademikern als eBook und gedrucktes Buch. Die Verlagswebsite www.grin.com ist die ideale Plattform zur Veröffentlichung von Hausarbeiten, Abschlussarbeiten, wissenschaftlichen Aufsätzen, Dissertationen und Fachbüchern.

Besuchen Sie uns im Internet:

http://www.grin.com/

http://www.facebook.com/grincom

http://www.twitter.com/grin_com

AKAD University

AKAD Hochschule Stuttgart

Dienstleistungsmanagement - Bachelor of Arts (B. A.) – Standard

Ziel- und Zeitmanagement

Methoden im Ziel- und Zeitmanagement

Kreßberg, den 17. Januar 2016

Inhaltsverzeichnis

Abbildungsverzeichnis

1 Einleitung

Ziel- und Zeitmanagement haben in den letzen Jahren immer mehr an Bedeutung gewonnen. Von vielen wird in der Zeit der Globalisierung erwartet, immer mehr Arbeit in weniger Zeit zu leisten. Oft hat man das Gefühl, der Zeit hinterherzurennen und von einem Temin zum anderen zu hetzen. Dabei ist es wichtiger denn je, sich selbst zu organisieren und die verfügbare Zeit möglichst effizient zu nutzen.[1] Um dies bewerkstelligen zu können, ist es wichtig, sich mit den Methoden des Ziel- und Zeitmanagement auseinander zu setzen. So gelingt es die anstehenden Ziele zu definieren, die richtigen Prioritäten zu setzen und somit effektiver und effizienter zu arbeiten. Dadurch werden anhand eines erfolgreiches Ziel- und Zeitmanagement erfolge im Berufs- und Privatleben erzielt.

Ziel dieser Ausarbeitung ist es, sich mit dem Thema Ziel- und Zeitmanagement zu beschäftigen. Im Vordergrund steht zunächst die Frage, was Zeit eigentlich ist. Daraufhin wird zum Verständnis die Bedeutung von Zeitmanagement erläutert. Anschließend wird sich über die zielgerichtete Durchführung des Zeitmanagement beschäftigt. Hierbei werden einige elementare Methoden des Ziel- und Zeitmanagement wie zum Beispiel das Pareto-Prinzip, die ABC-Analyse (Eisenhower) und die ALPEN-Methode vorgestellt. Es wird hierbei speziell auf die Erfolgsfaktoren eingegangen, welche im Zeitmanagement besonders wichtig sind. Schlussendlich können diese auf alle beruflichen wie privaten Projekte angewendet werden. Abgeschlossen wird die Arbeit mit einer Zusammenfassung.

---

[1] Knoblauch (2015), S. 6

2 Was ist Zeit?

Jeder von uns hat Zeit und zwar 24 Stunden oder 1440 Minuten oder 86400 Sekunden am Tag.[2] Das wertvollste Gut, das wir daher besitzen ist die Zeit. In der deutschen Sprache ist es das meistbenutzte Hauptwort. Daher sollte Zeit mehr wert als Geld sein. Aus diesem Grund müssen wir unser Zeitkonto sorgfältig anlegen. Unsere wichtigste Aufgabe im Leben ist es, aus der uns zugeteilten Zeit, so viel wie möglich zu machen. Das bedeutet aber nicht, noch mehr Aktivitäten in unsere Tage, Stunden und Minuten hineinzupacken, sondern unsere Lebenszeit für die schönen Dinge im Leben zu nutzen. Ja, wir sollten unsere Lebenszeit intensiver und bewusster für das nutzen, was uns eigentlich wichtig ist.[3] Aber leider leben wir in einer Gesellschaft, welche ständig pausenlos aktiv ist. Im Zeitalter der Globalisierung sind Schnelligkeit, Flexibilität und permanente Erreichbarkeit zur Norm geworden. Bei den Anforderungen im Berufs- und Familienlebens und dem dadurch ständig wachsenden Druck, verlieren die Menschen, so scheint es an Zeit.[4] Wir wollen in einer möglichst geringen Zeit viele Aufgaben bewältigen. Ebenfalls wollen wir verhindern, dass der Großteil der Ressource Zeit durch fehlende Übersicht und schlechte Planung vergeudet wird.

3 Bedeutung des Zeitmanagement

„Zeitmanagement bedeutet, die eigene Zeit und Arbeit zu beherrschen, als sich von ihnen beherrschen zu lassen".[5] „Unter Zeitmanagement versteht man eine Reihe von Strategien und Techniken. Der Begriff ist daher eigentlich eine irreführende Bezeichnung, da die Zeit unabhängig davon vergeht, was wir in dieser Zeit tun".[6] Effektives Zeitmanagement beginnt immer mit einer konkreten Zielbestimmung bzw. mit einer Folge von Schritten, die hilft besser mit der Zeit zurechtzukommen. Als erster Schritt muss zunächst einmal eine Grobgliederung erstellt werden.[7]

---

[2] Vgl. Meier und Engelmeyer (2010), S. 8
[3] Vgl. Seiwert (2014), S. 7
[4] Vgl. Engeln und Berhorst (2011), S. 126
[5] Seiwert (2014), S. 11
[6] Steiner (2014), S. 8 f.
[7] Vgl. Methodenkompetenz (2004), S. 8

4 Durchführung des Ziel- und Zeitmanagement

4.1 Ziele festlegen

Im Leben benötigt man kurzfristige Ziele, um zu wissen was man täglich tut. Jedoch benötigt man auch langfristige Ziele, um den kurz- und mittelfristigen Zielen Kontinuität sowie Bedeutung eine Richtung zu geben. Wichtig ist es, seine Ziele nicht nur im Kopf zu behalten, sondern sich diese in einem Zeitplan zu notieren.[8] Die Ziele sollten schriftlich in einem Tages-, Wochen- oder Monatsplan festgelegt werden. Durch das schriftlich festhalten von Zielen, zwingt man sich, konkret zu werden. Solange die Ziele nur im Kopf existieren, besteht ständig die Gefahr, Aktivitäten, die man sich vorgenommen hat, vor sich herzuschieben. Klar definierte Ziele helfen uns, Chancen zu erkennen und wahrzunehmen.[9] Hierfür sollte man Wichtiges von Dringendes unterscheiden.[10]

4.2 Prioritäten setzen

4.2.1 Pareto-Prinzip

Durch das Pareto-Prinzip wird die Planung vereinfacht. Das Pareto-Prinzip (auch 80:20 Regel genannt) stammt von Vilfredo Pareto, ein italienischer Volkswirt aus dem 19. Jahrhundert.[11] Herr Pareto hat sich mit der Verteilung des Reichtums in Italien beschäftigt und herausgefunden, dass 20% der Bevölkerung 80% des Reichtums besaßen.[12] Das Prinzip lässt sich aber auch auf unsere Arbeitsplanung übertragen. Übertragung heißt demzufolge, dass 20 Prozent der aufgewendeten Energie und Zeit 80 Prozent des Ergebnisses hervorbringen. Man verbringt die meiste Zeit mit Dingen, die gar nichts einbringen. So können vielleicht am Tag acht von zehn Aufgaben erledigt sein, jedoch die wichtigsten sind aber liegen geblieben.

---

[8] Vgl. Knoblauch und Wöltje (2008), S. 17
[9] Vgl. Zeitmanagement_Manktelow (2006), S. 18
[10] Vgl. Knoblauch und Wöltje (2008), S. 18
[11] Vgl. Zeitmanagement_Rolf Meier-Eva Engelmeyer (2009), S. 76
[12] Vgl. Knoblauch (2015), S. 23

Die Kunst ist es daher, wichtige Tätigkeiten herauszufiltern und mit diesen zuerst anzufangen.[13] Die Abbildung zeigt nochmals in veranschaulichter Form das Pareto-Prinzip.[14]

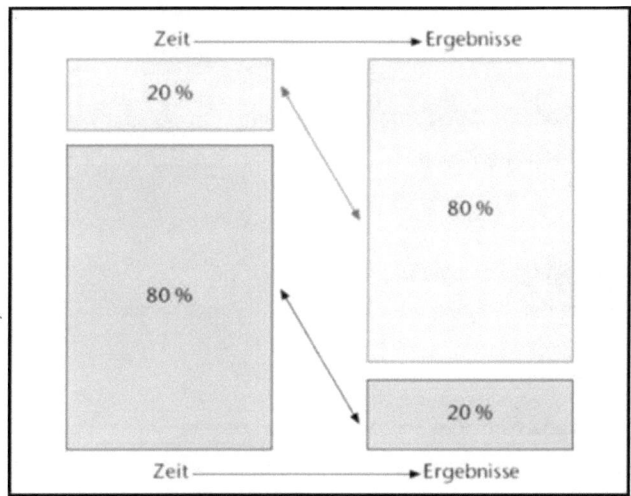

Abbildung 1: Pareto-Prinzip (80:20-Regel)

4.2.2 Die ABC-Analyse (Eisenhower)

Nach einem Arbeitstag steht meist die Erkenntnis, dass man zwar viel getan hat, wichtige Dinge aber liegen geblieben sind. Um erfolgreich zu sein, ist es wichtig, Prioritäten zu setzen. Prioritäten zu setzen heißt, sich zu entscheiden, welche Aufgaben erstrangig, zweitrangig und welche nachrangig sein sollten. Durch Ausstellung einer Rangfolge unterscheidet man zwischen wichtigen und dringenden Aufgaben.[15] Prioritäten lassen sich daher nach der ABC-Analyse setzen:

[13] Vgl. Zeitmanagement_Rolf Meier-Eva Engelmeyer (2009), S. 76 ebd.
[14] Abbildung entnommen aus: Seiwert (2014), S. 34
[15] Vgl. Seiwert (2014), S. 61

A-Aufgaben

Stellen die wichtigsten Aufgaben (Kernaufgaben) dar. Diese machen nur einen relativ kleinen Anteil der Aufgabenmenge aus, sind aber überaus für den Arbeitserfolg bedeutsam und nicht delegierbar.

B-Aufgaben

Sind Aufgaben mittlerer Wichtigkeit und delegierbar. B-Aufgaben machen etwa 20 Prozent des Arbeitserfolges aus.

C-Aufgaben

Sind weniger wichtig bis unwichtig und delegierbar, stellen aber erfahrungsgemäß einen Großteil der Aufgaben. Ihr Wert für den Arbeitserfolg ist jedoch gering.

Aus diesem Grund sollte der Arbeitsplan konsequent ausgerichtet sein. Man sollte früh morgens, wenn man noch ausgeruht ist, mit einer A-Aufgabe beginnen. A-Aufgaben sollten den Hauptteil der Arbeitszeit einnehmen. Danach widmet man sich den B-Aufgaben. C-Aufgaben können zwischendurch erledigt werden. Es sollte geprüft werden, ob einzelne Aufgaben, auch aus dem B-Bereich, delegieren werden können.

Von dem amerikanischen Präsidenten Dwight D. Eisenhower stammt ein Entscheidungsprinzip. Das Entscheidungsprinzip lässt sich mit der ABC-Analyse koppeln. Die Prioritätensetzung bei Aufgaben richtet sich nach den Kriterien Wichtigkeit und Dringlichkeit. [16]

Das Eisenhower-Prinzip kombiniert die Kriterien Wichtigkeit und Dringlichkeit. Für die Planung müssen alle anstehenden Aufgaben analysiert und eingeordnet werden. So bekommt man eine Rangfolge, was wann und wie abzuarbeiten ist. [17]

---

[16] Vgl. Zeitmanagement_Rolf Meier-Eva Engelmeyer (2009), S. 78 f.
[17] Vgl. Zeitmanagement_Rolf Meier-Eva Engelmeyer(2009), S. 77 f.

Durch die Abbildung erhält man nochmals einen Überblick über die A-Aufgaben, B-Aufgaben und C-Aufgaben.[18]

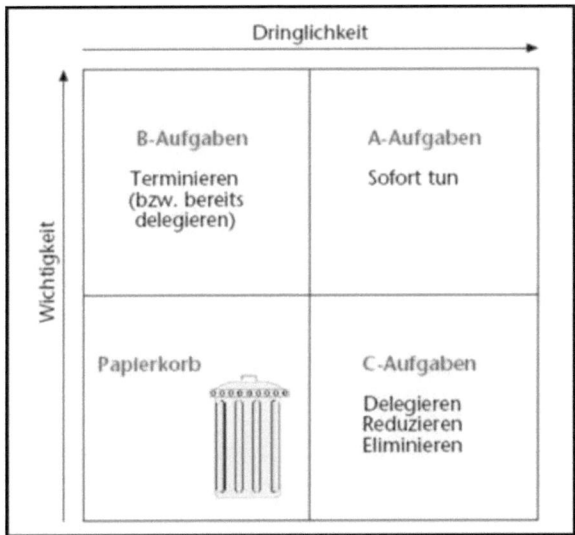

Abbildung 2: Eisenhower nach Wichtigkeit und Dringlichkeit

4.3 Arbeitstag effektiv planen

Die ALPEN-Methode ist eine bewährte Vorgehensweise, um seinen Tag effektiv zu planen. Um nicht Gefahr zu laufen, den Tag mit zu vielen Aktivitäten zu überfrachten und somit letztendlich den Plan einhalten zu können, kann auf die APLEN-Methode zurückgegriffen werden. Durch diese Methode lässt sich mehr Zeit für das Wesentliche gewinnen.

---

[18] Abbildung entnommen aus: Seiwert (2014), S. 64

4.3.1 ALPEN-Methode

Der Begriff setzt sich Anfangsbuchstaben des Worts zusammen (siehe unten). [19]

1. **A**ufgaben, Aktivitäten, Termine aufschreiben

2. **L**änge schätzen/festlegen

3. **P**ufferzeit einplanen

4. **E**ntscheidungen treffen

5. **N**achkontrollieren

1. Aufgaben, Aktivitäten, Termine aufschreiben

Am besten verwendet man ein Formular für die Tagesplanung, ein Zeitplanbuch oder eine elektronische Planungshilfe. Hier sollten alle zu erledigen Aufgaben mit den Prioritäten eingetragen werden. Im Weiteren sind die Termine des Tages, Fixtermine und zu erledigende Telefonate zu notieren.

2. Länge schätzen / festlegen

Die eingetragenen Aufgaben sind realistisch zu schätzen / festzulegen.

3. Pufferzeit einplanen

Für Unvorhergesehenes muss Zeit eingeplant werden. Verplant sollte höchstens 60 Prozent der gesamten Zeit werden. Die restliche Zeit bleibt für Unerwartetes.

4. Entscheidungen treffen

In diesen 60 Prozent müssen die wichtigsten Aufgaben erledigt werden. Daher ist eine gute Prioritätenplanung wichtig.

---

[19] Vgl. Seiwert (2014), S. 44

5. Nachkontrollieren

Kritisch den Erledigungsstand des Tages / Vortages kontrollieren. Hier sollten sich die Fragen gestellt werden, ob man sich zu viel vorgenommen hat oder die Aufgaben von Tag zu Tag mehrfach verschiebt.[20]

4.4 Leistungskurve beachten

Beim Ziel- und Zeitmanagement ist die eigne Leistungskurve ständig mit einzubeziehen. Während des ganzen Tages ist jeder Mensch in seiner Leistungsfähigkeit unterworfen. Diese lässt sich in einem natürlichen Rhythmus vollziehen und im Voraus absehen.[21] Leistungshöhen sollten genutzt werden. Jeder Mensch hat im Laufe des Tages Zeiten, zu denen er leistungsfähiger ist als zu anderen Zeiten. Große Unterschiede gibt es zwischen so genannten Morgen- und Abendtypen. Gerade nach der Mittagszeit gibt es einen Leistungseinbruch. Dorst sind einfache Aufgaben einzuplanen.

Das folgende Diagramm zeigt eine durchschnittliche Leistungskurve von 06:00 – 06:00 Uhr.[22]

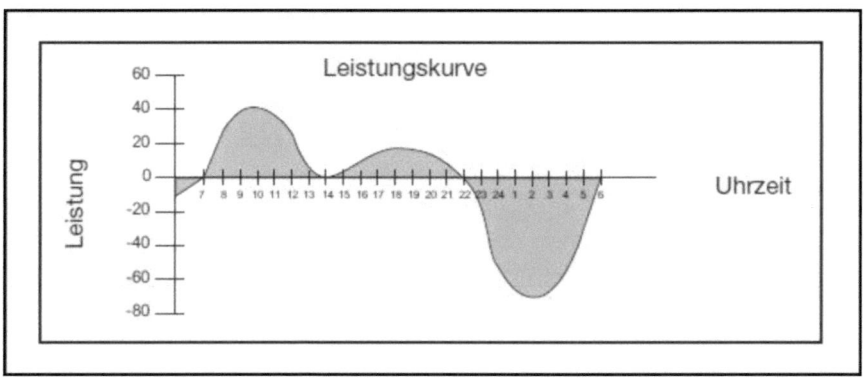

Abbildung 3: Durchschnittliche Leistungskurve

---

[20] Vgl. Zeitmanagement_Rolf Meier-Eva Engelmeyer (2009), S. 89 ff.
[21] Vgl. Seiwert (2014), S. 71 f.
[22] Abbildung entnommen aus: Zeitmanagement_Rolf Meier-Eva Engelmeyer(2009), S. 95

11

4.5. Kontrolle der Ergebnisse

Nachdem nun alles geplant und realisiert wurde, darf die Kontrolle des Ergebnisses nicht fehlen. Ohne eine regelmäßige Kontrolle der erreichten Resultate ist jede Art von Management wirkungslos. Die Notwendigkeit der schriftlichen Planung und Kontrolle besteht darin, dass der Überblick nie verloren geht, man bei der Arbeit motiviert ist, sich nicht von der vorgenommenen Arbeit ablenken lässt, die unerledigte Arbeit nicht vergisst, den Planungserfolg steigert und zuletzt die Arbeit dokumentiert.[23]

5 Zusammenfassung

Beim Ziel- und Zeitmanagement werden zuerst die Ziele festgelegt, die man erreichen möchte. Anschließend wird über die Priorität der einzelnen Ziele entschieden. Es wird sich mit den Methoden des Ziel- und Zeitmanagement anhand des Pareto-Prinzip und der ABC-Analyse (Eisenhower) auseinandergesetzt. Ebenfalls wird aufgezeigt wie ein effektiver Arbeitstag mit der ALPEN-Methode aussehen kann. Letztendlich erfolgt im Zeitmanagement die Kontrolle. Es sollte parallel hierzu immer an eine Ausgleichs- und Erholungsphase gedacht werden. Durch all diese Schritte, kann auf Dauer das Berufs- und Privatleben in Einklang gebracht. Die Zeit lässt sich ebenfalls effizient nutzen.

---

[23] Vgl. Zeitmanagement_Rolf Meier-Eva Engelmeyer(2009), S. 114

6 Literaturverzeichnis

(1) Engeln, Henning; Berhorst, Ralf (2011): Das Rätsel Zeit. Wie Physiker das Phänomen Zeit erklären; weshalb sich der Takt des Lebens beschleunigt; wie das Gehirn die Zeit misst und archiviert. Hamburg: Gruner + Jahr (Geo Geo kompakt, 27).

(2) Knoblauch, JŠorg (2015): Zeitmanagement: Haufe Lexware.

(3) Knoblauch, Jörg; Wöltje, Jörg (2008): Zeitmanagement. TaschenGuide. 0003rd ed. Freiburg: Haufe Lexware Verlag (Haufe TaschenGuide - Band 70).

(4) Meier, Rolf; Engelmeyer, Eva (2010): Zeitmanagement. Grundlagen, Methoden und Techniken. Offenbach: GABAL Verlag (Business).

(5) Methodenkompetenz (2004). Zürich: vdf Hochschulverl.

(6) Seiwert, Lothar (2014): 30 Minuten Zeitmanagement. 20. Aufl. Offenbach: GABAL-Verl. (Zeitnah).

(7) Seiwert, Lothar (2014): Das 1 x 1 des Zeitmanagement. [Zeiteinteilung, Selbstbestimmung, Lebensbalance]. 36., völlig überarb. und aktualisierte Aufl. München: Gräfe und Unzer.

(8) Steiner, Sigrid (2014): Zeitmanagement. Was bringt es wirklich? München: BookRix GmbH & Co. KG.

(9) Zeitmanagement_Manktelow.

(10)   Zeitmanagement_Rolf Meier-Eva Engelmeyer (2009).